_____ 님께

_____

_____ 드립니다.

_____

내 치즈는 어디에서 왔을까?

내 치즈는 어디에서 왔을까?

스펜서 존슨 지음
공경희 옮김

아직도 망설이는 당신에게 스펜서 존슨이 보내는 마지막 조언

Out of the Maze

ᛁNFLUENTIAL
인 플 루 엔 셜

❧

"난 믿을 수 없어요!"
앨리스가 말했다.
"그래? 다시 해보렴. 숨을 길게 내쉬고 눈을 감아봐."
여왕이 딱하다는 투로 말했다.
"소용없어요. 말도 안 되는 것을 믿을 수 없죠."
"연습을 많이 안 했나 보구나.
내가 네 나이였을 땐 하루 30분씩 연습했어.
어떤 때는 아침을 먹기 전에 불가능한 일을
여섯 가지나 믿기도 했으니까."
여왕이 말했다.
―루이스 캐럴

지식보다 상상력이 중요하다.
지식은 한정되어 있지만 상상력은 세상을 누빈다.
―알베르트 아인슈타인

❧

"《누가 내 치즈를 옮겼을까?》는 내 새로운 도전의 계기가 되었던 책이다. 이 책을 통해 나는 네덜란드로 떠났고, 그곳에서 또 다른 경험을 얻을 수 있었다. 그리고 이번《내 치즈는 어디에서 왔을까?》를 통해서는 생각의 방향을 바꿀 수 있었다. 생각을 바꿔도 나는 나로 있을 수 있다는 말은 그 어떤 말보다 큰 응원이었다. 어떤 신념은 나를 주저앉히지만 어떤 신념은 나를 성장시킨다는 이야기는 내가 어떤 신념을 선택해 앞으로 나아가야 할지 도움을 주었다. 나는 내가 생각한 것보다 훨씬 더 많은 것을 할 수 있다는 이야기는 계속 도전할 용기를 주었다. 안 될지도 모른다는 내 안의 불안이 슬금슬금 고개를 내밀 때마다 나는 '헴의 이야기'를 떠올릴 것이다."

_김지영, 국립발레단 수석 무용수

"이 책은 세계 최고 경영 스토리 북《누가 내 치즈를 옮겼을까?》의 후

속편이다. 장기 저성장 시대에 새로운 성장 엔진, 새로운 성공 모델을 절실히 필요로 하는 요사이 한국인들에게 큰 시사점을 주고 있다. '치즈'에서 '사과'로의 먹거리 인식 전환은 '파이프라인 경제'에서 '플랫폼 경제'로의 패러다임 변화를 연상시킨다. 특히 역경에 굴복하지 않고 미로를 탈출하는 꼬마인간 헴의 스토리는 변화를 모색하는 한국인들에게 큰 용기와 모멘텀을 제공해준다. 과거를 버리고 미래로 다가서자."

_서용구, 숙명여자대학교 경영학부 교수

"스펜서 존슨은 세상에 많은 영향을 준 특별하고 창조적인 사람이다. 이에 그치지 않고, 그 자신 또한 그가 글로 표현한 스스로의 원칙에 따른 삶을 살았다. 그의 글을 통해 신념의 힘과, 신념이 나의 행동과 그 결과에 미치는 영향력을 인식하길 바란다."

_켄 블랜차드, 《칭찬은 고래도 춤추게 한다》의 저자

"스펜서 존슨은 기가 막힌 스토리텔러다. 단순하지만 기억에 오래 남을 지혜의 이야기를 들려주는 재능을 가졌다. 그가 펴낸 책들은 전 세계 수천만 명이 더 건강하고 더 행복한 삶을 영위하는 데 도움을 주었

다. 이 책 또한 마찬가지다. 또다시 우리에게 '마법'을 건다. 우리로 하여금 매우 핵심적이면서도 도전적인 질문을 던질 수 있도록 해줄 것이다."
_애드리언 잭하임, 포트폴리오 출판사 발행인

"스펜서 존슨은 아는 것과 희망하는 것 사이에서 개인적인 만족감을 많이 얻을 수 있도록 도왔다. 그런 그의 작업은 실제로 사람들의 삶에 차이점을 만들어냈다."
_존 코터, 하버드비즈니스스쿨 교수

짧지만 달콤하고 치즈 맛이 난다. 짧고 빨리 읽을 수 있는 이야기지만, 그 여운은 오래 간다. 변화에 대한 새로운 생각과 낙관적이고 실천적 접근이 가능한 방법을 제시한다.
_〈파이낸셜타임스〉

스펜서 존슨은 생쥐와 꼬마인간을 등장시켜 단순하지만 위협적이지 않게 복잡하고 걷잡을 수 없는 변화와 불확실한 미래에 대해 이야기한다. 이 이야기가 훌륭한 것은 바로 그 단순함에 있다.
_〈뉴욕타임스〉

|차|례|

4장 토론_새 치즈 나누기

당신의 삶을 바꿀 운명적 이야기

《누가 내 치즈를 옮겼을까?》는 원래 스펜서 존슨이 그가 살면서 맞닥뜨린 힘든 시기를 헤쳐 나가는 데 도움이 되도록 만든 이야기였다. 자신의 이 우화를 몇 년간 사람들과 공유하면서 그는 이 이야기가 사람들의 삶과 일에 얼마나 도움이 되는지 알게 되었고, 결국 짧은 시간 내에 읽을 수 있는 책으로 펴냈다.

출간 6개월 만에 스펜서의 이 짤막한 이야기는 양장본으로 100만 부 이상, 5년간 2100만 부 넘게 팔렸다. 2005년 아마존은 《누가 내 치즈를 옮겼을까?》를 그때까지 가장 많이 팔린 책(단행본 기준)으로 발표했다.

스펜서의 인기 많은 대표작은 점점 가정, 기업체, 학교, 교회, 군대, 스포츠 팀으로 전파되었다. 수많은 언어로 번역되어 전 세계에 독자가 생겼다. 애독자들은 이 짧은 이야기에서 지혜를 얻어 커리어, 사업, 건강, 결혼생활이 개선되었다고 말했다. 이 이야기는 온 세상에 도움을 주었다.

하지만 스펜서는 아직 답을 얻지 못한 질문이 있다고 느꼈다. 그는 후속작을 위한 노트에 이렇게 적었다.

"이 이야기를 읽고 많은 사람들이 왜 그런지, 그리고 어떻게 해야 하는지에 대해 더 많이 알고 싶어 했다. 왜 우리는 어떤 때는 변화기에 잘 적응해 나가는 반면, 어떤 때는 그러지 못하는 걸까? 어떻게 해야 우리는 격변하는 세상에 더 쉽고 빠르게 적응할 수 있을까? 그래서 우리는 더 행복하고 더 성공할 수 있겠지만, 우리에게 '성공'이란 무엇인지 정확히 말할 수 있을까?"

스펜서는 치즈 이야기를 더 펼쳐서 이 질문의 답을 찾고 보여주는 게 최선이라고 생각했다. 《누가 내 치즈를 옮겼을까?》는 삶과 일에서 변화에 대처하는 길을 제시했다. 이제 그 후속작인 《내 치즈는 어디에서 왔을까?》는 그 길에 나서고 변화에 적응하도록 도와줄 뿐 아니라, 운명을 바꾸는 도구를 제공할 것이다.

|머|리|말|

에머슨 존슨, 오스틴 존슨, 크리스찬 존슨

여러분이 《내 치즈는 어디에서 왔을까?》를 만나게 되어 무척 기쁩니다.

저희 아버지는 어릴 때부터 늘 사람들을 도울 방법을 찾는 걸 좋아하셨습니다. 10대 시절에는 수영 교실을 열어 이웃 아이들이 수영을 배울 수 있도록 도왔습니다. 청년기에는 외과의로 수련을 받았고, 이후 글을 쓰는 것에서 진정한 열정을 발견했습니다. 글을 통해 더 많은 사람들에게 이바지할 수 있겠다고 생각했습니다.

저희는 아버지가 몹시 그립고, 아버지가 세상에 기여한 것들이 한없이 자랑스럽습니다.

아버지는 인생의 굴곡을 겪는 내내 스스로 이 책에 실린 표현과 경구를 자주 적용했습니다. 덕분에 췌장암 진단을 받으시고도 세상을 떠나기 전까지 새로운 시각으로 병을 마주할

수 있었습니다. 아버지에게 맞닥뜨린 변화를 사랑과 감사로
포용할 수 있었습니다.

책 후반에 아버지가 투병 말기에 쓴 편지를 실었습니다. 아
버지가 자신의 삶 속에서 이러한 통찰력을 어디까지 적용했는
지 잘 보여주리라 생각합니다.

아무쪼록 이 책을 즐겁게 읽길 바라며, 행운을 빕니다.

존슨 가족

2018년 7월

1장

토론
_치즈를 찾으려면

아직도 망설이는 이유

쾌청한 가을날, 한 무리의 사람들이 모였다. 매주 열리는 커리어 향상 세미나 때문이었다. 다음 주 종강을 앞두고 짤막한 이야기를 읽는 과제가 있었다. 주인공 헴과 허가 변화에 사뭇 다르게 반응하는 내용을 담은 《누가 내 치즈를 옮겼을까?》라는 책이었다.

세미나 강사인 데니스가 수강생들에게 질문을 던졌다.

"자, 여러분. 먼저 질문을 하나 하겠습니다. 도대체 누가 우리의 치즈를 옮겼을까요? 우리는 이 일을 어째야 할까요?"

수강생들이 웃었다. 데니스는 세미나를 편안한 분위기로 이

끌었지만, 그가 비즈니스에 뛰어난 통찰력을 지난 사람임을 다들 알고 있었다.

　책에 대한 토론이 시작되었다. 몇몇은 이 이야기가 일과 삶 모두 도움이 되었다고 말했다. 하지만 몇몇은 질문을 던졌다.

　"변화에 대처하는 전반적인 내용에 대해서는 잘 알았습니다. 하지만 실행은 말처럼 쉽지 않아요. '실행'하려면 정확히 어떻게 해야 합니까?"

　IT업계에서 일하는 알렉스가 말했다.

　"어떤 변화는 따라가기 쉬워 보여요. 그런데 어떤 변화는 아주 어려운 것 같거든요."

　의사인 미아가 맞장구쳤다.

　"게다가 제 일은 그냥 변하는 정도가 아니에요. 아예 없어져 버릴 것 같다고요."

　알렉스가 다시 거들었다.

　"저도 마찬가지예요. 제 업계가 어떻게 돌아갈까 때론 감도 못 잡겠어요."

　출판계에서 일하는 브룩도 나섰다.

　"간혹 내 '인생'도 감이 안 잡히는데요, 뭘."

알렉스가 말했다. 사람들이 웃음을 터뜨렸다. 알렉스가 계속 말을 이었다.

"정말이에요. 너무 많은 게 한꺼번에 변하고 있어요. 할 수 있다면 '치즈와 함께 움직이고' 싶어요. 하지만 치즈가 어디로 갔는지조차 모르는 때가 절반은 되거든요!"

이런 대화가 계속 되는 와중에 뒤쪽에 앉아 있던 청년 팀이 손을 들고 뭐라 말을 했다. 데니스는 양손을 들어 사람들이 잠시 말을 멈추도록 했다. 다들 조용해지자 데니스는 팀에게 모두가 들을 수 있도록 다시 한 번 크게 말해달라고 요청했다.

팀은 헛기침을 하고 말했다.

"헴은 어떨까요?"

앞자리의 알렉스가 고개를 돌려 청년에게 시선을 보냈다.

"헴이 어떠냐니요?"

팀이 말했다.

"그에게 무슨 일이 생겼을까요?"

잠시 침묵이 내려앉았다. 다들 헴과 허의 이야기를 곱씹으며 자신에게 같은 질문을 던졌다.

팀이 다시 말했다.

"저는 그걸 알고 싶어요. 솔직히 이 이야기에서 저랑 가장 비슷한 게 헴이었거든요. 허는 상황을 잘 파악하고 길도 잘 찾은 것 같아요. 반면 헴은 빈집에서 혼자 당황해하며 어쩔 줄 몰라 하죠. 어쩌면 헴도 허처럼 상황을 잘 파악하고 싶었을 거예요. 하지만 꽉 붙들리고 말았어요. 이런 말은 하기 싫지만, 저도 그렇거든요."

아무도 선뜻 입을 열지 않았다.

잠시 후 미아가 말했다.

"뭔 말인지 알겠어요. 나도 그러니까요. 나도 치즈가 있는 곳으로 가고 싶어요. 그런데 어디에서 시작해야 할지 도통 모르겠어요."

다들 팀의 말에 공감하기 시작했다. 허는 떠났고 '새 치즈'를 찾았다. 그는 변화를 따라 움직였고, 그것은 주효했다. 하지만 헴은 여전히 헤매고 있었다.

거기 있는 많은 사람이 나도 헴 같다고 느꼈다.

그 주 내내 데니스는 팀과 그가 던진 질문을 생각했다.

그다음 주, 강의를 시작하며 데니스가 말했다.

"지난주에 여러분이 던진 여러 질문을 곰곰이 생각해봤습니다. 왜 허는 변했지만 헴은 그러지 않았는지, 또 그 후 어떻게 되었을지. 저는 이 이야기에 더 많은 것이 있다고 여깁니다. 그걸 여러분과 함께 나누고자 합니다."

누구도 말이 없었다. 너무 조용한 나머지 바늘 떨어지는 소리마저 들릴 것 같았다. 다들 알고 싶었다.

'헴은 어떻게 되었을까?'

《누가 내 치즈를 옮겼을까?》에 나오는 이야기를 다들 기억하실 테지만…"

데니스의 이야기가 시작되었다.

누가 내 치즈를 옮겼을까?

옛날 옛적, 먼 나라에 영양가 있고 행복을 주는

치즈를 찾아 미로를 누비고 다니는 네 친구가 살고 있었다.

스니프와 스커리, 헴과 허.* 스니프와 스커리는 생쥐였고,

헴과 허는 꼬마인간이었다.

*스니프(Sniff)는 쿵쿵대며 냄새를 맡다, 스커리(Scurry)는 종종걸음을 치다, 헴(Hem)은
헛기침을 하다, 허(Haw)는 점잔을 빼다는 뜻을 가졌다. _옮긴이

그 미로에는 많은 복도와 방이 복잡하게 얽혀 있었고,

몇 군데에는 맛있는 치즈가 있었다.

물론 어두운 모퉁이와 막다른 골목도 있었다.

어느 날, 넷은 치즈 정거장 C 복도 끝에서
좋아하는 치즈를 발견했다.
이후 그들은 그 고소한 치즈를 더 많이 즐기기 위해
매일 같은 곳으로 되돌아왔다.

헴과 허가 치즈 정거장 C 주변에서

모든 삶을 꾸리기까지는 오래 걸리지 않았다.

치즈가 어디서 오는지,

누가 거기에 놔두는지 그들은 몰랐다.

그저 늘 거기 있겠거니 짐작할 따름이었다.

그러던 어느 날, 치즈가 없었다.

치즈가 사라진 것을 알게 된

스니프와 스커리는

득달같이 새 치즈를 찾아 나섰다.

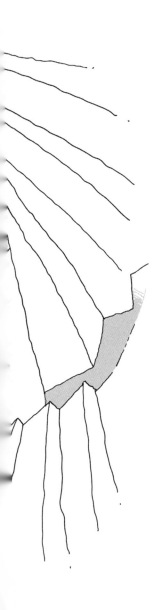

헴과 허는 그러지 않았다.
두 꼬마인간은 아연실색해 거기 서 있었다.
치즈가 사라지다니!
어떻게 이럴 수 있지?
누구도 경고한 적 없었잖아!
이건 옳지 않다고!
일이 이렇게 돌아가면 안 되는 거야.

둘은 낙심해
며칠을 보냈다.

결국 허는 스니프와 스커리가
미로 안으로 달려갔음을 알아차리고,
그들을 뒤따라 새 치즈를 찾아 나서기로 했다.

"헴, 때로는 상황이 변해서 다시는 예전처럼 되지 않아.
지금이 그런 것 같아. 삶은 움직이는 거야.
그러니 우리도 그래야만 해."

허가 말했다.
그리고 떠났다.

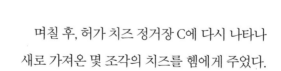

며칠 후, 허가 치즈 정거장 C에 다시 나타나
새로 가져온 몇 조각의 치즈를 헴에게 주었다.

하지만 헴은 이 새 치즈가 못마땅했다.

익숙한 맛이 아니었다.

그는 '자기' 치즈를 되찾고 싶었다.

허는 마지못해 혼자 더 많은 새 치즈를 찾기 위해 다시 떠났다.

헴이 친구 허를 본 것은 그때가 마지막이었다.

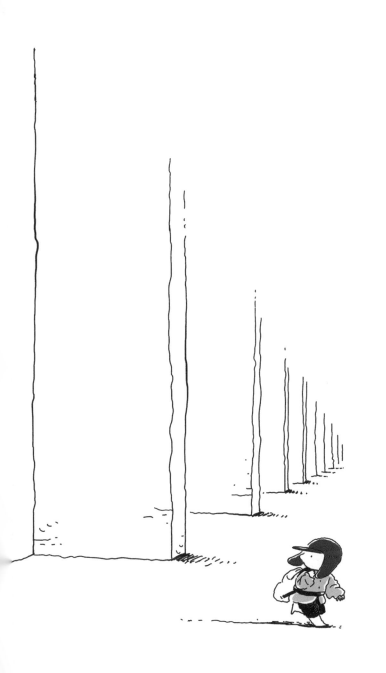

3장

내 치즈는 어디에서 왔을까?

딜레마에 빠진 헴

며칠간 헴은 치즈 정거장 C 근처에 있는 그의 집에서 안절부절못하며 흥분하고 화를 냈다.

헴은 여전히 매일 더 많은 치즈가 나타나기를 기대했으나, 그렇지 않자 어이가 없었다. 자리를 지키고 끝까지 기다리면 상황이 달라지리라 믿었다. 그런데 아니었다.

게다가 왜 허는 돌아오지 않는 것일까? 헴은 왔다 갔다 하며 여러 가지 답을 떠올렸다.

처음에는 자기 자신에게 답을 했다.

"허는 올 거야. 얼마 안 있어 이리로 돌아올 테고, 모든 게 제자리로 돌아갈 거야."

하지만 '얼마 안 있어'가 몇 번이 반복되어도 허는 여전히 오지 않았다.

점점 더 애가 탔다. 헴의 생각은 다른 방향으로 흐르기 시작했다.

"허는 나를 잊었어."

"허는 날 피해 숨었어."

"허는 일부러 이러는 거야! 친구면서 어떻게 나를 이리 배신할 수가 있어?"

생각이 여기에까지 이르자 괘씸했다. 생각할수록 더 화가 났다.

허가 자신을 버려두고 혼자 떠나서 화가 났고, 치즈가 사라져서 화가 났고, 자신이 상황을 되돌리거나 더 좋게 할 수가 없어서 화가 났다. 왔다 갔다 하던 헴은 결국 멈춰 서서 소리를 질렀다.

"이건 불공평해!"

서성이며 안달하느라 지친 헴은 아끼는 안락의자에 주저앉아 곱씹기 시작했다.

허가 길을 잃었으면 어쩌지?

허가 다쳤거나 더 심한 일을 당했다면?

화나는 건 잊고 친구와 친구에게 생겼을지 모를 끔찍한 일들을 생각해보았다.

한참 후, 다른 의문이 떠올랐다. '왜 허가 돌아오지 않을까?' 대신 '왜 나는 같이 가지 않았을까?'가 궁금해지기 시작했다.

허와 같이 갔다면 사정이 달라졌을지도 몰랐다. 아마 그랬다면 허가 길을 잃지 않았을 텐데. 그에게 아무 일도 생기지 않았을 텐데. 지금쯤 둘이 같이 치즈를 먹고 있었을 텐데.

왜 친구처럼 '치즈를 따라 움직이지' 않았을까?

왜 허와 같이 가지 '않았을까?'

생쥐가 치즈 조각을 갉아먹듯 그 질문이 그의 마음을 갉아먹었다.

그러는 동안에 헴은 점점 더 허기지고 허기졌다.

새 치즈를 찾아서

헴은 의자에서 몸을 일으키다가 바닥에 떨어진 뭔가에 발이 걸려 주춤했다. 몸을 굽혀 그것을 집어 들었다. 후 불어 먼지를 털어내고야 그게 뭔지 알 수 있었다.

낡은 끌이었다. 허가 그 끌을 망치로 내리쳐서 치즈 정거장 C 벽에 큰 구멍을 낸 날이 떠올랐다. 벽에 울리던, 망치가 끌을 내려치던 소리가 귀에 선했다.

탕! 탕! 탕!

헴은 바닥을 뒤져 그때 사용하던 망치를 찾아내 역시나 후 불어 먼지를 털어냈다. 순간 헴은 깨달았다. 그 둘이, 헴과 허가 같이 치즈를 찾아다니던 게 얼마나 오래전 일인지.

헴은 친구가 그리웠다. 걱정되기도 했다. 그는 줄곧 더 많은 치즈가 나타나기를, 허가 돌아오기를 기다렸다.

하지만 여전히 치즈는 나타나지 않았다. 허 역시도.

헴은 뭔가 '해야' 했다. 이제 더 이상 집에 앉아 기다릴 수만은 없었다. 미로 속으로 들어가 치즈를 찾아야 했다.

헴은 주위를 뒤적거려 운동화를 찾아내 신었다. 처음 치즈를 찾아 나설 때 그와 허가 했던 것처럼. 운동화 끈을 묶으며 헴은 자신이 처한 상황에 대해 알고 있는 사실들을 되새겼다.

그는 더 많은 치즈를 찾아야 했다. 그러지 않으면 죽을 터였다.

미로는 어두운 모퉁이와 막다른 골목이 많은 위험한 곳이었다. 그러니 조심해야 했다.

끝으로 이 상황을 이겨내고 더 많은 치즈를 찾아서 살아남을지 말지는 자기 자신에게 달려 있었다. 그는 혼자였다.

헴은 이 모든 걸 종이에 적어 주머니에 넣었다. 그래야 잊지 않을 테니까.

사실들

1. 나는 더 많은 치즈를 찾아야 한다.
   그러지 않으면 죽는다.

2. 미로는 어두운 모퉁이와
   막다른 골목이 많은 위험한 곳이다.

3. 내게 달렸다. 난 혼자다.

사실들을 알고 나니 마음이 든든했다. 적어도 그가 처한 사정에 대해서는 파악했으니까.

헴은 망치와 끌을 쳐다보았다. 미로 더 깊이 구석구석 탐험해 나가는 그의 여정에 이 두 연장이 도움이 될 것이다.

헴은 연장을 집어서 주머니에 넣고 어깨에 걸쳤다.

'사실들'을 가지고 튼튼한 망치와 끌을 챙겨서 헴은 미로 속으로 떠났다.

미로 속으로

그 후 며칠간 헴은 복도를 이리저리 헤매며 점점 더 깊은 미로 속으로 나아갔다. 복도는 여기저기 작은 돌멩이만 나뒹굴 뿐 텅 비어 있었다. 치즈는 흔적도 없었다.

새 방이 보일 때마다 헴은 고개를 들이밀고 치즈가 있는지 살폈다. 하지만 방마다 아무것도 없었다.

헴은 종종 어두운 모퉁이를 만나곤 했다. 그러면 얼른 몸을 돌려 다른 길로 향했다. 그는 길을 잃지 않겠다고 다짐했다.

때로는 막다른 골목에 마주쳤다. 그는 막힌 게 확실한지 고개를 숙여 자세히 살펴보고, 벽돌담과 어둠만 보이면 서둘러 다른 길로 향했다.

여기저기서 헴은 허가 그 길을 지났다는 걸 알 수 있었다. 허가 복도 벽을 긁어서 글귀를 남겨두었기 때문이다. 글귀마다 치즈 모양의 그림이 액자처럼 감싸고 있었다.

헴은 거기서 어떠한 감흥도 느끼지 못했다. 너무 허기지고 지친 나머지 멈춰 서서 글귀를 읽을 만한 힘이 남아 있지 않았다.

여전히 치즈는 나타날 기미가 보이지 않았다.

헴은 치즈를 찾아다니면서 그의 마음을 갉아먹던 질문을 계속 되새겼다.

'왜 허와 같이 가지 않았을까?'

솔직히 말하면, 헴은 허와 둘 중 자신을 브레인이라고 여겼다. 명랑하고 유머 감각이 뛰어난 허는 훌륭한 꼬마인간이자 좋은 동지였다. 하지만 조종사라기보다는 부조종사에 가까웠다. 헴은 늘 그렇게 생각했다.

이제 그는 정말 그런 건지 알 수 없었다.

"왜 나는 기회가 있었을 때 허와 같이 가지 않았을까?"

헴이 중얼거렸다.

그가 고집쟁이여서? 아니면 그냥 멍청해서? 것도 아니면 그저 못돼먹은 꼬마인간이어서?

복도를 따라 걸으며 헴은 계속 생각했다.

"어쩌면 이건 인과응보야."

헴이 소리 내어 말했다.

자책할수록 더욱 기운이 빠졌지만, 그는 알아차리지 못했다. 자신에 대한 단상들이 미로 안의 생쥐처럼 그의 마음을 헤집고 다니는 것조차 몰랐다.

그러다 너무 끔찍한 생각이 떠올라 헴은 얼어붙은 듯 멈춰 섰다.

"어쩌면 미로 속에서 영원히 빙빙 도는 게 내 운명인가."

다리의 힘이 탁 풀리는 것만 같았다. 헴은 복도 벽에 기대며 바닥으로 미끄러졌다.

맞은편 벽에 허가 쓴 글귀가 보였다.

과거의 신념은
우리를 새 치즈로
이끌지 않는다.

헴은 고개를 저었다. 그리고 중얼댔다.

"허 참. 무슨 생각인 거야? 치즈는 있기 아니면 없기지. '신념'이랑 치즈랑 뭔 상관이람!"

그는 처음으로 궁금했다. 허가 너무 기운이 빠진 나머지 계속 가지 못하고 그냥 포기한 것은 아닐지. 지금 자신도 그런 상황을 겪게 되는 것은 아닐지.

갑자기 외로움과 두려움이 엄습했다.

모든 게 예전과 달랐다. 전에 미로는 헴과 허가 일하고 사회생활을 하는 곳이었다. 둘은 이곳에서 성장하고 이곳에서 삶을 영위했다. 미로는 헴의 세상이었다.

그런데 미로가 변해버렸다.

이제 '모든 것'이 달라진 듯했다. 허가 없다. 스니프와 스커리도 없다. 치즈도 없다. 복도를 헤매고 다닌 헴은 점점 기운이 빠지고 힘이 없었다. 이 모든 일이 왜 벌어졌는지 납득되지 않았다.

미로는 어둡고 무시무시한 곳이 되어버렸다.

헴은 바닥에 웅크리고 누워서 고달픈 잠에 빠져들었다.

낯선 이와 처음 맛본 것

헴은 누워 뒤척이다가 무언가가 발에 닿는 것을 느꼈다. 하나가 아니라 여러 개였다. 헴은 일어나 앉아서 그것들을 쳐다보았다. 주먹만 한 크기의 둥글고 작은 돌들이었다.

한 개 집어 들고 매끄럽고 윤기 나는 빨간 표면을 만져보았다. 돌멩이가 아니었다. 좋은 냄새가 났다.

실은 냄새가 매우 좋아서 한 입 깨물고 싶었다.

헴은 몸을 부르르 떨었다. 무슨 생각을 하는 거야? 이게 뭐든 치즈가 아닌 건 확실한데.

위험할지도 몰라.

헴은 주위를 둘러보다가 기절할 뻔했다.

옆에 앉아 그를 지켜보는 또 다른 꼬마인간이 있었다! 허도 아니고, 옛 친구도 아니었다. 처음 보는 꼬마인간이었다.

헴은 웃으면서 인사를 해야 할지, 경계를 해야 할지 알 수 없었다.

그 꼬마인간이 빨갛고 돌멩이는 아닌 걸 하나 집어서 헴에게 내밀었다.

"배고파 보여서."

그녀가 말했다.

"먹을 수 없어. 이건 치즈가 아니잖아!"

헴이 말했다.

"뭐가 아니라고?"

"치즈. 이건 치즈가 아니라고."

헴이 재차 말했다.

그녀는 어리둥절한 표정을 지을 뿐 잠자코 있었다.

"치즈는 '음식'의 다른 말이야. 누구나 치즈를 먹어. 심지어 쥐들도."

헴이 참을성 있게 설명했다.

"아."

그녀가 대꾸했다. 둘은 한동안 말이 없었다. 그러다 그녀가 입을 열었다.

"난 아닌데. 난 '치즈'를 본 적도 없는걸."

헴은 믿을 수 없었다. 치즈를 먹지 않는 꼬마인간이라고? 말도 안 돼!

낯선 이는 아직도 작은 돌멩이를 헴 쪽으로 내밀고 있었다. 헴은 쳐다보다가 고개를 저었다.

"그게 뭐든 나는 먹을 수 없어. 난 치즈만 먹어."

헴이 말했다.

그는 무력감에 빠져 다시 누웠다. 잠시 후 낯선 이의 말소리가 얼핏 들렸다.

"넌 네가 할 수 있다고 여기는 것보다 훨씬 더 많은 걸 할 수 있어."

하지만 헴은 다시 잠에 빠져들었다.

몇 시간 후 다시 눈을 뜬 헴은 무척이나 배가 고팠다. 이런 허기는 난생처음이었다. 저녁 먹을 시간이구나! 그런 생각이

들었지만 곧 자신이 처한 현실로 되돌아왔다.

치즈가 없었다. 저녁밥이 없었다.

헴은 일어나 앉았다. 낯선 이는 가고 없었지만 작은 빨간 돌멩이는 여전히 남아 있었다. 하나 집어 들고 다시 냄새를 맡았다. 달콤한 냄새가 났다.

뭘 하는지 생각할 겨를도 없이 헴은 한 입 베어 물었다.

아삭하고 즙이 많네! 달콤해… 그러면서 새콤하고! 그간 먹어왔던 치즈와는 다른 맛이었다. 헴은 죄다 먹어버렸다. 참을 수가 없었다.

그러고는 벌렁 눕더니 신음 소리를 냈다.

"내가 무슨 짓을 한 거지? 돌멩이를 먹다니!"

헴이 중얼거렸다. 죽는구나 생각했다.

그는 또다시 잠에 빠져들었다. 며칠 만에 처음으로 밤새 내내 잘 잤다.

치즈는 아니지만

다음 날 아침, 헴이 일어나 보니 낯선 이가 다시 와 있었다. 그녀는 무릎을 끌어안고 앉아 그를 보고 있었다.

"안 죽었네."

그녀가 말했다.

"그러게. 죽지는 않았네."

헴이 대답했다. 솔직히 기운이 더 났다.

낯선 이가 돌멩이를 하나 더 헴에게 내밀었다. 헴은 받아서 먹었다. 분명 치즈는 아니었지만 맛있었다. 먹으면서 조금이 나마 원기를 되찾는 느낌이었다.

헴이 먹는 동안 낯선 이가 말을 걸었다. 그녀의 이름은 호프(Hope)였고, 근처 과일 정거장 A에 살고 있었다. 그녀는 그 돌멩이가 '과일'이며 '사과'라 한다고 알려주었다.

이때 헴은 사과를 세 개째 먹고 있었다.

호프는 최근 과일이 점점 드물어지고 있어서 지난 며칠간 과일을 찾아 미로의 여러 구역을 뒤졌다고 말했다.

"전에는 아침에 일어나면 더 많은 사과가 있었어. 그런데 그런 경우가 점점 줄고 있어."

그녀는 헴이 먹는 사과를 가리키며 말을 이었다.

"사실은, 그게 내 마지막 사과야."

헴은 먹다 말고 그녀를 쳐다보았다.

"그게 '사라졌다'는 뜻이야?"

호프가 고개를 끄덕였다.

"더 이상 보이질 않아. 왜 그런 건지 모르겠어."

헴은 거의 다 먹은 사과를 쳐다보다가 다시 호프를 보았다.

"마지막 남은 사과를 내게 준 거야?"

호프는 어깨를 으쓱했다.

"네가 배고파 보여서."

"그랬지. 하지만 너도 배고프지 않아?"

헴이 물었다.

"조금."

호프가 대답했다.

헴은 그녀가 먹으라고 준 사과들을 떠올렸고, 그녀에게 고맙다고 말한 적이 없다는 걸 깨달았다.

"고마워."

헴이 말했다.

"별말씀을."

호프가 대답했다.

헴은 놀라서 고개를 저었다.

"솔직히 이걸 먹으니 기분이 한결 나아졌어. 믿기지 않아!"

그가 말했다.

"믿을 수 있어. 그저 내려놓고 시도해보면 어렵지 않아."

호프가 생긋 웃으며 대꾸했다.

이 말에 헴은 혼란스러웠다. 그저 내려놓고 시도하라니, 뭘? 그녀가 무슨 말을 하는지 감이 잡히질 않았다.

한 가지는 알 수 있었다. 자신이 아직도 배가 고프다는 것.

먹는 것에 대한 이야기를 하다 보니 애초에 자기가 왜 미로 속으로 들어와 여기까지 오게 되었는지 그 이유가 생각났다. 이제 이상한 새 음식을 먹고 기운이 나기 시작했으니 다시 치즈를 찾아 나서야 했다.

지금까지 그의 치즈 찾기 원정은 실패였다. 그는 그 이유를 정확히 알았다.

"내 노력이 부족했기 때문이야. 아직 가보지 않은 미로의 구석구석을 뒤져야 해. 그게 내가 해야 할 일이야."

헴이 말했다.

호프는 어깨를 으쓱했다.

"나도 갈게. 네가 괜찮다고 하면."

(호프는 그들이 처한 곤란한 상황에서 어떻게 벗어날 수 있을지 아직 몰랐지만, 끝내는 그렇게 되리라고 믿었다.)

헴은 마지못해 고개를 끄덕였다. 동행이 있다고 해서 손해 볼 것은 없었다.

그는 일어서다가 다시 관심을 끄는 글귀를 보았다. 친구인 허가 벽에 긁어서 남긴 것이었다.

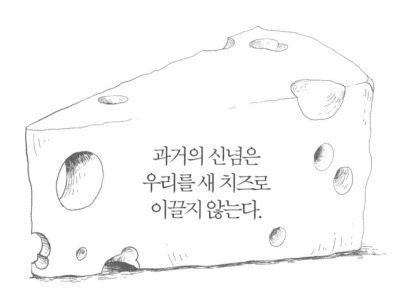

과거의 신념은
우리를 새 치즈로
이끌지 않는다.

"그럴지도 모르지. 하지만 무엇이 새 치즈로 '이끄는지' 내가 말해주겠어. 더 열심히 노력하는 것!"

햄이 벽에 있는 글귀에 대고 말했다. 그러고는 연장주머니를 어깨에 걸쳤다. 길을 나선 둘은 연이어진 복도를 따라 천천히 터벅터벅 걸어갔다. 방마다 고개를 들이밀고 확인하고, 어두운 모퉁이와 막다른 골목은 조심스레 피했다.

발견한 방들은 모두 비어 있었지만 햄은 포기하지 않기로 마음먹었다.

걸으면서 햄은 호프에게 옛날 얘기를 들려주었다. 그와 허, 그들의 친구인 스니프와 스커리가 매일 치즈를 찾아 나섰는데 얼마나 치즈가 많고 찾기 쉬웠는지. 그저 가져오기만 하면 됐었다고. 근처 복도를 몇 군데 훑어보기만 하면 됐었다고.

"살기 쉬운 시절이었지."

햄이 말했다. 그러고는 입을 다물었다. 그들은 계속 걸었다.

신념을 바꾸는 건 두려워

세월이 변했다. 헴은 예전의 꼬마인간이 아니었다. 전에는 강인하고 당당했으며, 자신만만한 그를 다른 꼬마인간들이 우러러봤다. 그런데 치즈가 사라지면서 모든 게 달라졌다. 치즈가 사라진 사건은 그를 위축되게 만들었다. 그는 더 이상 강하지도 당당하지도 않았다.

이런 옛일들을 되새기다 보니 헴은 예전보다 자신만만하지 못한 자신이 느껴졌다. 평소의 자신감이 흔들린 것을 알 수 있었다.

헴에게는 새로운 일면이었다. 그는 이제껏 자기 생각에 주의를 기울이거나, 돌아가는 사정을 살펴보기 위해 한 걸음 물러나 본 적이 없었다.

그에게 있어, 상황을 본다는 건 있는 그대로 보는 것에 불과했다.

헴과 호프는 복도를 지나며 여기저기서 치즈 부스러기를 발견했다. 조금씩 뜯어 먹을 수 있고, 신경이 곤두선 헴의 배고픔을 늦춰줄 만한.

호프도 치즈를 몇 입 먹어보았다. 꽤 맛이 있어서 마음에 들었다.

이따금 벽 밑바닥에 사과가 있어서 둘이 나눠 먹었다.

치즈 조각과 가끔 사과를 먹은 덕에 그들은 다음 날 탐험을 위해 쉴 곳으로 준비해둔 출발지로 돌아올 수 있었다.

둘은 매일 길을 나섰고, 헴은 늘 전날보다 기운이 없었다.

몇 시간 동안 과일을 찾지 못하고 제자리로 돌아오면, 헴은 연장주머니를 내려놓고 복도 벽에 기대 주저앉았다. 더한 피로감이 밀려들었다.

어느 날 그들이 출발지로 돌아왔을 때, 헴은 너무 낙담해서 더 계속할 수 있을지 의심스러웠다. 연장주머니가 너무 무겁다는 생각만 들 뿐이었다.

"분명 무게가 상당할 거야."

호프가 말했다.

"그 정도로 심하지는 않아."

헴이 말했다. 연장주머니가 얼마나 무거운지, 얼마나 피곤하게 하는지 인정하기 싫었다.

"왜 매일 그걸 가지고 다녀?"

호프가 물었다.

"벽에 구멍을 낼 때 써야 하니까."

헴이 말했다. 그는 적당한 벽을 찾으면 예전의 그가 하던 식으로 그녀에게 끝을 잡아달라 부탁할 거라고, 그러면 자기는 허가 했던 것처럼 망치를 휘두를 거라고 설명했다.

"아."

호프가 중얼댔다. 그러고는 덧붙여 물었다.

"그게 효과가 있었어?"

"당연히 그랬지. 이건 돈으로도 살 수 없는 최고급 끝이라고!"

헴은 넌 참 궁금한 것도 많다고 생각하며 대답했다.

"내 말은, 벽에 구멍을 내는 것이 진짜로 더 많은 치즈를 찾을 수 있느냐는 거야."

호프가 말했다.

헴은 대꾸하지 않았다. 부아가 치밀었다. 이 연장들이 얼마나 좋은 건데!

그는 탁 소리가 나게 무거운 주머니를 내려놓고는 벽에 등을 기대고 앉았다.

헴은 허가 그리웠다. 집에서 멀리 나와, 여기 미로 안에 있는 게 마뜩치 않았다. 상황이 원래대로 돌아가면 좋으련만.

"친구가 그립구나."

호프가 말했다. 헴은 호프가 늘 자신의 생각을 아는 것 같아서 거슬렸다.

헴은 어깨를 으쓱했다.

"상황이 원래대로 돌아가기를 바랄 뿐이야."

호프도 옆에 앉아서 벽에 등을 기댔다.

"알아."

그녀가 대꾸했다. 그녀는 헴을 힐끗 보며 덧붙였다.

"하지만 이 방법은 효과가 없을 것 같아."

"무슨 말이야?"

헴이 받아쳤다. 좀 언짢았다.

"상황이 '결코' 원래대로 돌아가지는 않을 거야. 근데 내 생각은 그래. 어쩌면 상황이 원래보다 '더 좋아질지' 모르겠다고."

헴은 어떻게 그럴 수 있는지 알 수 없었다.

"'더 열심히 노력한다'는 계획은 효과가 없어. 그렇지?"

호프가 상냥하게 말했다.

헴은 대꾸하지 않았다. 너무 괴로웠다.

"아마도 다른 전략이 필요하겠지?"

호프가 덧붙였다.

헴이 힐끗 보니 호프는 허의 글귀를 쳐다보고 있었다. '과거의 신념은 우리를 새 치즈로 이끌지 않는다'라는.

"새로운 신념을 시도해보면 어떨까?"

호프가 말했다.

헴은 머리를 흔들었다.

"신념은 '시도'하는 게 아니야. 신념은 그냥… 거기 있는 거라고!"

호프는 벽의 글귀를 힐끗 돌아보며 고개를 돌렸다.

"하지만 신념을 바꾸기로 결정한다면?"

"그렇게 될 일이 아니야. 게다가 난 지금 이대로의 내 신념이 좋아! 신념을 바꾸면 난 누구지? 헴이 아닐걸!"

그는 신념을 바꾸거나 놔버리기 싫었다. 그 신념들이 지금의 자신을 만들었다고 생각하기에.

"넌 마음을 바꾸게 될 거야."

호프가 중얼거렸다.

"내가 왜 그러겠어? 난 내 마음 그대로가 좋아!"

이제 짜증이 치밀었다.

호프가 다시 어깨를 으쓱하며 말했다.

"나도 좋아. 근데 우리 아직도 치즈 못 찾았어."

헴은 대꾸할 말이 없었다.

둘 다 잠시 말이 없었다. 결국 호프가 일어나서 말했다.

"그럼 잘 자, 헴. 좋은 꿈 꿔. 내일 아침에 봐."

헴은 얼굴을 찌푸린 채로 벽에 기대 앉아 있었다. 호프가 망치와 끌에 대해 말했던 걸 생각했다.

당연히 벽에 구멍을 내본들 아무런 도움이 되지 않을 것이다. 그도 이미 알지 않나? 그런데도 그는 왜 그런 낡은 연장을 짊어지고 다니는 걸까?

달리 뭘 해야 할지 모르겠으니까. 그게 이유였다.

그들은 결코 치즈를 찾지 못하리라. 헴은 친구인 허를 절대 찾지 못하리라. 쓸모없는 연장주머니를 든 채로 여기 이 복도에서 죽겠지.

헴은 크디큰 한숨을 아주 길게 내뱉었다. 그러고는 자신에게 물었다. 길을 떠난 후 계속 그를 괴롭히던 질문이었다.

'왜 나는 허와 같이 가지 않았을까?'

헴은 울기 시작했다.

얼마 후 헴은 잠이 들었다.

갇힌 나를 꺼내는 것은

그날 밤, 헴은 꿈을 꾸었다.

꿈에서 그는 치즈 정거장 C 근처의 집에서 안절부절못하며 야단법석을 떨고, 초조해하며 씩씩대는 자신을 봤다. 뭔가가 달랐다. 대체 뭐지?

곧 알 수 있었다. 창문마다 쇠창살이 있었다! 자신이 갇힌 듯했다. 쇠창살 안의 자신이 너무 불행해 보였다. 헴은 잠결에 더욱 흐느꼈다.

한밤중에 잠에서 깨어난 헴은 그가 꾼 꿈을 생각했다. 당혹

스러웠다. 왜 그런 모습이었을까? 왜 내 집에 갇혀서 친구를 그리워하면서도 같이 가는 걸 거부했을까?

그는 누운 채로 몇 시간 동안 이에 대해 생각했다. 동이 틀 때까지 생각했다.

이른 새벽빛에 허가 벽에 남긴 글귀가 보였다. 과거의 신념과 새 치즈에 대한.

"어쩌면 허가 맞았을지도 몰라."

헴이 나직하게 말했다(생각을 말로 하는 것은 더 확실히 정리하는 데 도움이 되었다. 특히 지금처럼 까다로운 생각일 경우에는 더욱더).

이제는 오래 되어버린, 허가 떠난 날을 떠올렸다. 허는 둘이 해야 한다고 생각되는 일을 친구에게 알려주려 했지만, 헴은 듣기를 거부했다.

헴이 중얼거렸다.

"내가 맞고 허는 틀렸다고 생각했어. 근데 아마 내가 틀렸나 봐. 난 허를 믿지 않았어. 내 생각을 믿었지."

순간 그는 똑바로 앉았다.

'과거의 신념.' 허가 남긴 글귀에 적혀 있던 말이다. 하지만 헴은 멈춰 서서 '신념'이 뭔지 생각해본 적이 없었다.

이제는 안다 싶었다.

그는 비틀대며 일어나 뾰족한 돌을 집어 들고 허가 벽에 남긴 글귀 옆에 새로 떠오른 생각을 적었다. 다 쓰고 나서는 호프가 건넨 사과 모양의 그림으로 테를 둘렀다. 허가 아니라 그가 쓴 글귀임이 기억나도록.

신념은
내가 사실이라고
믿는 생각이다.

그게 신념이었다. 생각. 거기에 얼마나 큰 힘이 담겨 있는지 보라고!

왜 그는 허와 함께 새 치즈를 찾아 나서지 않았을까? 허는 상황을 다르게 봤으니까. 헴은 허가 그렇게 생각한다는 걸 알지 못했다. 독단적인 생각들이 그를 치즈 정거장 C에 붙잡아두었다. 그것들을 사실이라고 믿었으니까.

헴은 거기 남아서 버티면 상황이 달라질 것이라고 믿었다.

허가 헛고생을 하러 간다고, 자기가 더 잘 안다고 믿었다.

그의 신념은 그의 관점 속에 그를 가두었다. 그것이 허와 같이 가지 않은 이유였다.

순간 꿈이 이해되었다. 쇠창살은 과거의 생각이었다. 그가 사실이라고 믿었지만, 실제로는 그가 미로 속으로 원정을 떠나지 못하게 막은.

그의 신념이 그를 가둔 것이다!

헴은 벽에 또 다른 새 글귀를 쓰고 이번에도 사과 그림으로 테를 둘렀다.

과거의 신념이
우리를 가둘 수 있다.

헴은 치즈 정거장 C 근처 집에서 서성거리는 자신을 떠올려 봤다. 기다리기만 하면 치즈가 다시 나타나기 시작할 거라고, 원래 상황으로 되돌아갈 수 있을 거라고 계속 생각하던 자신을.

그것 또한 그가 믿은 생각이 아니던가. 그를 가둔 또 다른 신념!

그러면 모든 신념이 다 그럴까?

그는 잠에서 깨어나 처음 호프를 보고, 그녀가 먹으라며 사과를 내민 날을 떠올렸다. 처음에는 사과를 먹는 것이 겁났지만, 아무튼 먹었다. 그는 그녀를 신뢰했다. 호프는 마지막 남은 사과를 그에게 주었다! 호프는 그에게 좋은 친구였다.

헴은 그것이 좋게 작용한 신념이라고 생각했다.

그는 벽에 또 다른 문구를 적었다.

어떤 신념은
우리를 주저앉히고,
어떤 신념은
우리를 나아가게 한다.

"새로운 신념을 시도해보면 어떨까?"

호프가 한 말이 기억났다. 뭐라고 대답했더라?

"신념은 '시도'하는 게 아니야. 그렇게 될 일이 아니라고!"

아무래도 호프 말이 맞나 봐. 어쩌면 과거의 신념을 버리고 새로운 신념을 선택할 수도 있겠어.

지금 당장 과거의 신념에 대해 생각해보려 했으나 도무지 그럴 수 없었다. 이 '신념'이라는 개념 전체가 아직은 새로운 사고방식이라 그게 어떻게 작동하는지 확신이 없었다.

헴은 자신이 방금 쓴 글귀들을 쳐다보았다. 처음 호프가 그에게 과일 하나를 주려 한 것과, 그때 그가 "그게 뭐든 나는 먹을 수 없어. 난 치즈만 먹어"라고 대꾸한 일이 기억났다.

그렇게 생각했고, 그 생각을 믿었다. 하지만 그게 아님이 밝혀졌다! 사과를 먹고 더 기운이 났으니까. 그러니 치즈만이 그가 먹을 수 있는 유일한 음식이 아니었다.

이제 헴은 다르게 생각했다. 호프가 뭐라고 했더라?

"넌 마음을 바꾸게 될 거야."

그녀가 맞았다. 그는 마음을 바꾸었다!

헴은 얼른 다시 벽에 적었다.

우리는 마음을
바꿀 수 있다.
우리는 새로운 신념을
선택할 수 있다.

헴은 완전히 활기를 되찾았다. 스스로도 놀랄 일이었다.

전에는 다른 사람이 그의 신념에 딴죽을 걸면 못마땅했다. 마음을 바꾸는 걸 거부했고, 그의 생각이나 말이 사실이 아닐 거란 말을 들으면 기분이 나빴다.

그런데 이제는 틀린 게 불쾌하기보다는 그걸 알게 되어 신이 났다.

그는 이전에 마음을 바꾸지 않으려던 이유가 위협을 느꼈기 때문이라는 걸 깨달았다. 그는 자신의 신념이 '좋아서' 바꾸고 싶지 않았다. 그 신념이 그를 만든다고 생각했다.

그런데 이제는 그렇지 않다는 걸 알았다. 그는 다른 생각을 선택할 수 있었다. 다른 신념을 선택할 수 있었다.

그래도 여전히 그는 헴이었다!

우리는
우리의 신념이 아니다.
우리는
우리의 신념을 선택하는
장본인이다.

가능하다고 믿는다면

헴은 이리저리 거닐면서 생각하는 것을 말로 내뱉었다.

"그러니까 여기 진짜 문제가 있네. 이제 신념이 뭔지, 거기에 얼마나 큰 힘이 담겨 있는지, 얼마나 쉽게 '새 신념'을 선택할 수 있는지 알았으니… 뭘 해야 하지?"

그는 걸음을 멈추었다.

답은 빤했다. 이 새로운 지식을 활용해 그들의 임무를 완수해야 했다. 더 많은 치즈와 더 많은 사과를 찾아야 했다.

문제는 이미 샅샅이 뒤졌다는 것이었다. 더 찾아볼 곳이 없었다. 어디에서도 더 이상 치즈와 사과가 보이지 않았다. 그들에겐 선택의 여지가 없었다.

이건 불가능한 탐험이었다. 그러니 시도해본들 아무 소용 없었다.

그런데… '불가능한' 부분이 또 다른 신념이라면? 그는 이것을 바꿀 수 있을까?

헴은 흥분으로 등줄기가 오싹해졌다.

가능하다고 믿는다면
우리는 뭘 할 수 있을까?

"잠깐만. 이성적으로 생각해보자."

헴이 중얼거렸다.

이 신념이라는 것은 여기까지만 올 수 있었다. 결국 한계가 있단 거야. 그렇지?

헴은 잠시 그 생각에 잠겼다. 그러고 나서 숨을 들이쉬고 내쉬었다. 그것이 변하기 시작하는 게 느껴졌다!

그는 손에 쥔 날카로운 돌을 보다가 벽에 다시 글귀를 적었다.

우리가 믿을 수 있는 것에
한계는 없다!

날이 밝고 몇 시간 후에 호프가 와보니 헴이 똑바로 앉아 운동화를 손질하면서 콧노래를 흥얼대고 있었다.

하마터면 호프는 헴을 못 알아볼 뻔했다! 전날 밤 그녀가 잘 자란 인사를 하고 자리를 떴을 때, 헴은 지치고 풀이 죽어 시무룩해 있었다. 그런데 지금은 그 어느 때보다 생기 있어 보였다.

호프는 벽에 연달아 적혀 있는 새 글귀들을 쳐다봤다. 글귀마다 사과 그림의 테두리가 그려져 있었다.

"어머나, 분주한 꼬마인간이 여기 있네."

호프가 말했다.

"맞아."

헴이 고개를 끄덕였다.

"무슨 일 있는 거야?"

호프가 물었다.

"마음을 바꿨어."

헴이 그녀를 쳐다보면서 대답했다.

"잘했네."

호프가 말했다. 그녀는 다시 문구들을 쳐다보고는 고개를 돌려 헴을 보며 물었다.

"어떤 부분을?"

헴은 운동화를 내려놓고 천천히 일어났다(무거운 연장주머니를 끌고 다니느라 아직도 팔다리가 뻐근하고 쑤셨다).

"아직 그 부분을 못 알아냈어."

헴은 전에 하던 일이 효과가 없다는 걸 알았다. 완전히 다른 걸 해야 했다. 그건 상황을 다르게 볼 필요가 있다는 걸 의미했다. 마음을 바꾸고 새로운 신념을 선택해야 했다.

하지만 정확히 어떤 신념을? 난감했다.

호프가 다가와 헴 옆에 앉았다.

"뭘 좀 물어봐도 돼?"

그녀가 말했다(그녀는 깊은 생각에 잠긴 헴이 방해받기 싫을지도 모른다고 생각했지만, 이건 그가 들어야 될 말이었다).

"치즈가 나타나는 게 뚝 끊겼다고 했지? 내 사과처럼?"

"맞아."

헴이 답했다.

"내가 궁금한 건 이거야. 예전에 매일 신선한 치즈가 나타났을 때, 그럼 그건 어디서 왔던 거야?"

헴은 다시 짜증이 치밀었다. 호프는 질문이 너무 많아! 게다가 치즈가 어디서 왔느냐가 뭐가 중요해? 이제 없는데.

헴은 가만히 있다가 호프를 보면서 그녀가 방금 던진 질문을 생각했다.

치즈는 어디서 '왔던' 거야?

나는 그 질문을 해본 적이 있나? 허는 해봤을까? 둘이 보낸 시절의 기억을 더듬어봤다. 치즈를 찾고, 치즈를 발견하고, 치즈를 먹던 시절. 그들은 한 번이라도 이런 질문을 해본 적이 있었나?

그런 적 없었어! 헴은 확신했다.

심장박동이 빨라지는 듯했다. 이유는 몰랐지만 이 질문이 중요하다고 여겨졌다.

그는 다시 호프를 쳐다봤다. 이제 짜증은 사라졌다.

"치즈가… 어디서… 왔느냐고?"

헴이 천천히 되묻고는 이어서 말했다.

"저, 대단히 좋은 질문이란 생각이 들어."

"대답을 안다는 뜻이야?"

호프가 눈을 반짝이며 물었다.

"음, 아니. 그래도 좋은 질문 같아. 계속 질문하다 보면 좋은 답이 나올 거야!"

잠시 둘 다 말이 없었다.

그러다 호프가 헴을 보며 말했다.

"미로 밖에는 뭐가 있을지 궁금해."

미로 밖에는 무엇이 있을까

헴이 호프를 빤히 쳐다봤다.

"미로 밖에 뭐가 있냐고? '아무것도' 없어."

그는 어이가 없어서 고개를 저었다.

뭔 생각이야? 미로 밖이라고? 말도 안 돼. 거기 있는 건 미로
뿐이었다. '밖'이란 건 없었다.

"아."

호프가 중얼댔다. 그녀는 잠시 가만히 있다가 다시 헴을 보
며 물었다.

"확실해?"

"그럼, 확실하고말고!"

헴이 대꾸했다.

둘은 서로를 쳐다보다가 동시에 같은 말을 외쳤다.

"우리가 사실이라고 믿는 생각!"

또 다른 신념! 헴에게 이것은 자기를 나아가게 하기보다는 주저앉히는 것 같았다.

이에 대한 마음도 바꿀 수 있을까?

헴은 눈을 감고 미로 밖 세상을 상상해보았다. 하지만 보이는 건 온통 미로뿐이었다. 그가 늘 알던.

그는 눈을 뜨고 고개를 저었다.

"소용없어. 안 보여."

그는 호프를 쳐다보며 말을 이었다.

"미로 '안'에 있는 것밖에는 안 보여. 밖에 있는 건 아무것도 그려지지 않아."

결국 헴이 아는 것은 미로뿐이었다. 평생 그 안에 갇혀(hemmed)* 있었으니.

* 헴의 이름에는 둘러싸이다, 가두어두다는 뜻도 숨어 있다._옮긴이

호프가 생각에 잠겨 그를 바라보았다. 그러고는 말했다.

"일단 그냥 '믿어보면' 어떨까? 그러면 보일 거야."

"그건…."

'말도 안 돼!'라고 헴은 말할 뻔했다. 하지만 이렇게 말했다.

"그거… 좋은 생각이네."

정말로 믿을 수 있는 것에 한계가 없다면 못해볼 것도 없잖아? 그는 다시 눈을 감고 생각하기 시작했다.

'미로 밖에 놀라운 뭔가가 있어.'

크게 숨을 들이쉬자 새로운 생각이 마음에 차오르고, 자신이 그것을 믿는 게 느껴졌다.

헴은 눈을 뜨고 또 다른 글귀를 적었다.

때로는 볼 수 있기 전에
믿어야 한다.

"미로 밖에 뭐가 있는지 보러 가자."

그는 호프를 보며 말했다.

"좋은 생각이야. 네 치즈가 어디서 오는지도 알 수 있을 거야."

호프가 미소를 지었다.

생각만으로도 설레서 그는 고개를 끄덕였다.

"네 사과도!"

"같이 갈게. 어떻게 하면 되지?"

호프가 일어나서 말했다.

"모르겠어."

헴이 대답했다.

정말 그랬다. 어디를 찾아야 하나? 짐작이 되질 않았다. 이미 '전부' 찾아봤는걸.

헴은 허와 함께 치즈를 찾아다니던 때를 떠올렸다. 그들은 늘 어두운 모퉁이와 막다른 골목은 피해 다녔다. 헴은 호프에게 그걸 말해주고, 그녀가 또 좋은 질문을 할까 싶어 기다렸다.

그의 믿음대로 호프가 말했다.

"그 어두운 모퉁이들이 다 어두운 게 아니라면?"

"어떻게 그럴 수 있어. 어둡기 때문에 '어두운' 모퉁이라고 불리는 거잖아!"

헴이 말했다.

호프는 팔을 뻗어 벽에 달린 촛대에서 두꺼운 초를 꺼내 들었다.

"촛불을 가져가면 어둡지 않지."

촛불이 있다면 어둡지 않아

헴은 이미 일어나 복도를 따라 내려가기 시작했다. 그러다 호프가 꼼짝 않고 있는 것을 알아챘다. 그녀는 연장주머니를 내려다보고 있었다.

"망치랑 끌 가져갈 거야?"

헴은 연장들을 물끄러미 바라보다가 천천히 고개를 저었다.

"아니."

"좋아."

호프가 말했다. 그녀는 미소를 지으며 덧붙였다.

"새로운 탐험에 낡은 짐을 가져가봤자 도움이 안 될 거야."

그들은 이미 여러 번 다녀본 복도를 따라 걸었다. 이번에는 어두운 모퉁이를 피하지 않고 찾아다녔다. 늘 피해 다니던 곳을 찾아 나서니 헴은 기분이 이상했다. 하지만 이 이상한 기분도 과정의 일부일 거라고 결론 내렸다.

곧 믿기 어려울 만큼 어두운 모퉁이에 도착했고, 둘은 멈춰 섰다.

어둠 속으로 접어들자 호프가 촛불을 들어 작은 통로를 비추었다.

헴은 가슴이 철렁 내려앉았다. 불빛에 어둠과 맨 벽돌 벽만 있는 통로 끝이 드러났다.

"또 막다른 골목이네."

그가 말했다.

호프는 생각에 잠긴 듯했다. 그러더니 말했다.

"나도 그 생각을 하던 참이야. 근데 그게 우리가 믿어야 하는 생각이 아니라면? 어쨌든 어두운 모퉁이들이 다 어두운 건 아니야. 막다른 골목이 다 막힌 건 아니고."

헴은 그 생각이 좋았다. 그 생각을 꽉 잡고 신념이 될 정도로 믿을 수 있는지 알아보기로 했다.

그는 눈을 감고 다시 한 번 그의 상상력을 발휘해보려고 했다. 한참 동안 아무 일도 일어나지 않았고… 결국 헴이 포기하려는 순간, 생각의 끄트머리에서 번쩍이는 게 힐끗 보였다. 빛이 아니더라도 최소한 빛이 있을 '가능성'은 보인 듯했다. 심장이 뛰었다.

헴은 눈을 뜨고 호프를 바라보며 말했다.

"가보자."

둘은 천천히 통로로 들어갔다. 둘 다 긴장감에 휩싸여 걸었다. 헴은 '미로는 위험한 곳이야'라고 생각할 수밖에 없었다. 어릴 때부터 평생 그렇게 알고 살아온 그였다. 미로는 위험한 곳이라고…. 그 생각이 줄곧 그의 머릿속을 간지럽혔다.

그런데 그게 사실로 믿어야 할 생각이 아니라면?

헴은 걸음을 멈췄다. 호프도 멈춰 서서 헴이 할 말을 기다렸다. 그가 혼잣말로 중얼거렸다.

"생각한다고 해서 그걸 믿어야 한다는 뜻은 아니지."

생각하는 모든 것을
믿을 필요는 없다.

호프는 아무 말도 하지 않았다. 그녀는 헴이 떠올리는 생각을 이해했다.

그들은 계속 걸었다. 아니나 다를까, 골목 깊숙이 가까이 들어갔을 때 헴의 눈에 골목 끝에서 작은 불빛이 일렁이는 것이 보였다. 촛불이 문에 난 작은 창에 반사되어 빛나고 있었던 것이다!

그들은 문을 열고 작은 방으로 들어갔다. 이미 찾아본 많은 방들과 거의 비슷했다. 호프가 손에 든 촛불의 침침한 빛을 벗 삼아 그들은 휑한 작은 방을 둘러보았다. 네 개의 모퉁이, 네 개의 벽. 그게 다였다.

완전히 텅 비어 있었다.

실망한 헴은 나가려고 몸을 돌렸다. 하지만 호프는 그대로 서서 그를 지켜보았다. 그가 무슨 말이라도 하길 기다리는 듯했다.

"뭐, 빈방이잖아."

헴이 말했다.

"그래 보이네."

호프가 대답했다. 그러고는 그가 더 말하기를 기다렸다.

그래서 헴은 생각했다. 그러고 나서 자기 자신에게 질문을 던졌다.

어두운 모퉁이들이 다 어두운 게 아니고 막다른 골목들이 다 막힌 게 아니라면, 빈방들이라고 다 빈 게 아닐 수도 있지 않나?

"다시 생각해봤는데, 방을 한 번 더 둘러보면 어떨까?"

헴이 말했다.

"그래!"

호프가 미소를 짓고 그의 손을 잡으며 말했다.

첫 번째 빈 벽을 따라 걷다가 모퉁이를 돌고, 두 번째 빈 벽을 따라서 걷다가 다시 모퉁이를 지났다. 그러다가 세 번째 빈 벽 중간쯤에서 멈춰 섰다.

"저게 느껴져?"

헴이 속삭였다.

"응. 느껴져."

호프도 속삭이며 대답했다.

서늘한 공기가 다리를 스쳤다. 헴이 몸을 굽히고 킁킁댔다. 기막히게 싱그러운 냄새가 났다.

둘은 자세를 낮추었고, 무릎 높이쯤에 벽에 구멍이 나 있는 것을 발견했다. 딱 꼬마인간이 지나갈 만한 크기였다.

헴이 호프를 힐끗 보고 손바닥이 보이게 한 팔을 구멍 쪽으로 내밀었다. 먼저 가.

호프가 터널 속으로 기어 들어갔다. 헴도 뒤따랐다.

호프가 앞장서서 계속 기어가는데, 마침내 터널 끝에서 빛이 보이기 시작했다.

빛이 점점 더 환해지더니… 갑자기一.

마침내 찾은 새 치즈

호프와 헴은 밝은 빛 속으로 나왔다. 너무 눈이 부셔서 처음에는 아무것도 보이지 않았다. 둘은 똑바로 서서 눈을 깜빡이며 맑고 상쾌한 공기를 들이마셨다.

점차 빛에 익숙해지자 둘은 주위를 두리번거렸다. 그들이 서 있는 곳은 아름다운 푸른 초원이었다. 시원하고 부드러운 바람이 살랑댔다.

헴이 지금껏 본 적도 느껴본 적도 없는 풍경이었다. 천장을 올려다보았다. 그걸 천장이라고 불러도 되는지 몰라도. 아주

파랗고 아주 높았다! 그 위에는 눈부신 황금색 빛이 있었다. 그가 아는 어떤 빛보다 환하고 따뜻했고, 너무 강렬해서 똑바로 볼 수가 없었다.

헴은 말을 잃었다. 심호흡을 크게 하고 주머니에 손을 넣고는 눈을 감았다. 얼굴을 들어 따스함을 맛보았다.

주머니 안에서 뭔가 손끝에 걸렸다. 꺼내서 보았다. 종이쪽지였다. 맨 위에 '사실들'이라고 적혀 있었다.

헴은 읽기 시작했다.

그러고 나서 껄껄 웃었다.

호프는 어리둥절한 표정으로 미소 지었다. 그녀는 헴이 웃는 걸 처음 봤다. 그의 미소조차 본 적 없는 듯했다.

"뭔데. 거기 뭐라고 씌어 있는데?"

호프가 물었다. 헴은 종이쪽지를 보여주었다.

"내가 더 많은 치즈를 찾아야 된다고, 그러지 않으면 죽는다고 적어놨네."

그는 호프를 보며 덧붙였다.

"근데 난 치즈 대신 사과를 찾았고, 사과를 먹고 죽지 않았어."

호프가 그를 바라보며 말했다.

"응, 그랬어. 그럴 줄 알았다니까."

"또 이렇게 적어놨어. 미로는 위험한 곳이다. 어두운 모퉁이와 막다른 골목이 많다."

그녀가 고개를 끄덕였다.

"우리를 이리로 데려온 게, 바로 그 막다른 골목으로 이어진 어두운 모퉁이인데."

"끝에는 모든 게 나한테 달려 있다고 적어놨어. 나 혼자라고."

호프가 미소 지었다.

"음, 그건 분명 사실이 아닌데?"

그녀는 방금 발견한 치즈 조각을 내밀었다.

헴이 치즈를 받아서 고마운 마음으로 한 입 물었다.

"맞아. 사실이 아니지."

그가 말했다.

둘은 미로 밖 새 세상을 탐험하며 사방에서 치즈와 사과를 발견했다.

둘은 치즈와 사과를 같이 먹어봤다. 맛이 좋았다.

게다가 모든 것이 환했다! 둘은 지금껏 미로 안이 얼마나 깜깜하고 빛이 없었는지 모른 채 지냈다.

미로에서 나오니 과거의 신념이란 감옥에서 빠져나온 것 같다는 생각이 헴의 머리를 스쳤다.

어쩌면 미로 전체로부터.

하나는 확실했다. 이곳 공기는 더욱 달콤한 냄새가 난다는 것!

헴은 다시 한 번 종이쪽지를 들여다보았다.

"사실들."

그가 읊고 나더니 웃으며 덧붙였다.

"그때는 그게 사실처럼 보였지."

호프가 고개를 끄덕였다.

"하지만 아니었어."

"응. 하나도."

헴은 종이쪽지를 뒤집어서 '사실들' 뒤쪽에 지난 며칠간 터득한 점들을 요약해 적었다.

미로에서 나오는 방법

신념에 주목하라.
신념은 우리가 사실이라고 믿는 생각이다.

생각하는 모든 것을 믿지 마라.
때로 '사실'은 그저 상황을 인식하는 방법일 뿐이다.

효과가 없는 것은 내려놔라.
낡은 짐을 들고는 새로운 탐험을 시작할 수 없다.

미로 밖을 보라.
있을 수 없는 것을 상상하고 불가능한 것을 탐색하라.

새로운 신념을 선택하라.
생각을 바꿔도 나의 본모습은 바뀌지 않는다.

우리가 믿을 수 있는 것에 한계는 없다.
할 수 있다고 생각한 것보다 더 많이 실행하고
경험하고 즐길 수 있다.

풀밭에 앉아 햇살을 받으며 시원한 바람을 쐬니 헴은 또다시 친구인 허가 떠올랐다. 허가 함께 있다면 훨씬 더 즐거울 텐데.

"허 생각이 나는구나."

호프가 말했다.

헴은 고개를 끄덕였다. 늘 그랬듯 호프는 그가 무슨 생각을 하는지 알았다. 어떻게 그럴 수 있는지 헴은 궁금했다.

"허를 찾으러 가야지. 스니프와 스커리도."

호프가 말했다.

헴이 그녀를 쳐다보면서 또다시 고개를 끄덕였다.

"나도 그 생각을 하던 참이야."

그가 말했다.

"좋아, 가자."

호프가 말하며 헴에게 미소를 지었다.

둘은 일어섰다.

호프가 또다시 헴의 손을 잡았는데 갑자기ㅡ.

"헴! 헴!"

낯선 곳에서 자기 이름이 불리자 헴은 놀랐다. 소리가 나는 쪽으로 몸을 돌려 그를 향해 힘차게 걸어오는 형체를 바라봤다.

허였다!

"여기서 만나네!"

허가 소리치면서 헴을 끌어안고는 양손으로 등을 토닥였다.

"누가 할 소릴!"

헴이 말했다. 그러고는 주변을 흘끔대며 물었다.

"스니프랑 스커리는?"

허가 웃음을 터뜨렸다.

"아이고, 너도 걔들 잘 알잖아. 걔들이 먼저 나왔지! 난 말이야, 헴… 네가 미로 밖으로 나오는 길을 영영 못 찾을까 봐 그게 걱정됐어."

"그럴 뻔했지. 난 내가 거기에 갇혔다고 생각했어. 죽는 줄 알았지."

헴은 말하며 한숨을 쉬었다. 그리고 계속 말을 이었다.

"내가 틀렸는데 그걸 몰랐어. 과거의 신념에 붙들려 있었지."

"그래서 어떻게 했어?"

허가 차분히 물었다.

헴은 잠시 생각에 잠겼다.

"첨엔 너무 화가 났어. 그다음엔 배가 고팠고. 그러다 호프를 알게 됐어."

그는 고개를 돌려 호프를 바라보고는 미소 지었다. 그리고 말했다.

"호프, 여기는—."

"만나서 정말 반가워, 허."

호프가 허와 악수를 하며 말했다.

"반가워!"

허가 웃으며 가볍게 고개를 까딱했다. 그리고 다시 헴에게 물었다.

"그럼 호프를 알게 된 다음에는?"

"마음을 바꿨지."

허는 푸근한 미소를 지으며 다시 한 번 헴을 안았다.

"보고 싶었어, 친구. 네가 미로 밖으로 나오는 길을 찾아서 정말 다행이야. 신념을 바꾸는 방법을 찾은 건 더 반갑고."

"신념은 강력한 거야. 그렇지 않아?"

헴이 말했다.

셋은 말없이 서서 사람을 주저앉히거나 나아가게 하는 신념의 놀라운 힘을 생각했다. 신념을 바꾸어도 여전히 나는 나로 서 있을 수 있다는 짜릿한 깨달음도 되새겼다.

헴에게 문득 어떤 생각이 떠올랐다.

"잠깐만!"

그는 아까 챙겨서 주머니에 넣어두었던 사과를 꺼내어 허에게 내밀었다.

"이거 먹어봤어?"

헴이 물었다.

"사과네. 내가 좋아하는 거야."

허는 반색하며 고개를 끄덕였다.

"치즈와도 정말 잘 어울리지!"

두 친구가 한목소리로 외쳤다.

호프가 고개를 갸웃하며 말했다.

"근데 그거 알아?"

두 사람은 고개를 돌려 그녀를 쳐다봤다.

"여기에는 갖가지 맛있는 게 다 있을 거야. 우리가 예전에는 생각해본 적 없는 것들이. 우리가 상상조차 못해본 것들이."

헴과 허는 서로를 바라보았다.

그럴 가능성이 있을까?

물론이지!

셋은 탐험을 시작했다.

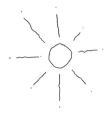

끝…

아니면 또 다른 시작일까?

4장

토론

_새 치즈 나누기

내가 찾은 변화의 길

이야기를 마친 데니스는 말을 멈추고 강의실 안을 둘러보았다. 다들 깊은 생각에 잠긴 것을 보고 그는 잠시 기다렸다.

"와아."

알렉스가 말했다.

데니스가 알렉스를 쳐다보며 미소 지었다.

"와아?"

"헴에게 잘됐네요. 그가 해냈어요. 미로 밖으로 빠져나왔다고요."

알렉스가 대답했다.

"영화 〈쇼생크 탈출〉의 주인공 앤디 듀프레인처럼?"

벤이 말했다.

사람들이 웃음을 터뜨렸다. 벤은 이제 모임의 익살꾼으로 자리 잡은 모양이었다.

"저도 헴처럼 운이 없었던 상사와 일한 적이 있었죠."

브룩이 말했다.

"그렇군요. 무슨 일이 있었나요?"

데니스가 물었다.

"저는 신문방송학과를 나왔는데, 첫 직장으로 어느 시 신문사에 들어갔습니다. 온라인에 진출해야 하는데 누구도 대표를 설득하지 못했어요. 대표는 지면 광고만으로 운영비를 충당할 수 있다고 믿었죠. 최대 광고주가 광고를 웹상으로 넘기는 형편이었는데도요. 정기 구독을 끊고 온라인 뉴스를 보는 독자가 점점 늘어나는데도, 대표는 곧 유료 구독자가 증가할 거라고만 했어요. 입사 1년 후, 회사는 문을 닫았습니다."

"미로에서 나오는 길을 찾지 못했군요."

알렉스가 중얼거렸다.

"신념은 강력하니까요. 단 하나의 고집스런 신념이 회사 전체를 무너뜨릴 수도 있습니다. 사람들은 늘 그래왔던 대로 앞으로도 쭉 유지되리라 믿지요. 하지만 그렇지 않죠."

데니스가 말했다.

"마크 트웨인이 이런 말을 했지요. 우리가 곤경에 빠지는 건 뭔가를 몰라서가 아니다. 뭔가를 확실히 안다는 착각 때문이다, 라고."

벤이 말했다. 수강생들이 또다시 웃었다.

데니스도 웃으며 말했다.

"늘 그렇듯 마크 트웨인이 제대로 짚었네요. 그럼 예를 들어 볼게요. 1912년 타이타닉 호가 첫 항해에 나섰을 때 사람들은 이 배를 한마디로 묘사했습니다."

"침몰 불가!"

브룩이 맞장구쳤다.

"맞아요. 침몰 불가. 모두가 그렇게 믿었습니다. 이런 믿음 때문에 타이타닉 호는 구명정을 충분히 구비하지 않았죠."

"그래서 1500명 넘게 죽었고요."

또 브룩이 맞장구쳤다.

"사람들이 사실이라고 믿은 생각 때문에요."

미아도 거들었다.

"사실 때문이네."

알렉스가 말했다. 잠시 모두 조용했다.

"아이고야."

벤이 침묵을 깼다.

"모든 신념이 나쁘게 느껴지기 시작하네요. 우리를 곤경에 빠뜨리는 근시안적인 관점들이라고. 하지만 사실이 아니죠. 제 말은, 헴도 그에게 도움이 되는 신념을 찾았잖아요?"

미아가 말했다.

"물론이죠. 모든 신념은 '검토'할 가치가 있습니다. 중요한 것은 나의 신념을 알아보고 시험해보는 것입니다. 신념을 꼭 '버릴' 필요는 없어요. 어떤 신념은 우리를 방해해 최선의 내가 되지 못하도록 하거나 우리 사이를 갈라놓기도 합니다. 하지만 어떤 신념은 강력한 진실이고 횃불이어서 나를 이끌어주고, 가장 힘든 시기에도 전진하도록 도와주지요."

데니스가 말했다.

"모든 인간은 평등하게 태어나며, 생명과 자유 그리고 행복의 추구라는 양도할 수 없는 권리를 신으로부터 부여받았다는 개념처럼요."

벤이 말했다.

"또는 호프가 좋은 친구라는 헴의 믿음 같은."

브룩이 말했다.

"혹은 우리 자녀에 대한 믿음이나."

미아도 덧붙였다.

"또는 자신에 대한 믿음. 내가 태어난 것은 분명 이유가 있고, 나는 세상에 기여할 특별한 가치를 지니고 있다는 믿음. 예를 들어, 미아, 왜 의사가 되었죠?"

데니스가 말했다.

"사람들의 고통을 덜어주고 싶어서요."

미아가 주저 없이 대답했다.

데니스는 수강생들에게 고개를 돌리고 말했다.

"미아의 저 말이 그저 미아가 사실로 생각하는 말이 아님을 여러분은 아실 겁니다. 치유에 대한 소망이랄까요? 여기서 미아의 '본질'이 드러납니다. 출판업계에서 진리와 탁월함을 추구하는 브룩의 열정도 마찬가지입니다. 이것들은 핵심 가치이며, 진실이고 변하지 않는 것들입니다."

"저런, 그 외에는 다 변하는데요!"

벤이 끼어들었다.

"그 또한 사실이죠. 헴이 붙들린 지점이 바로 거깁니다. 상황은 변해요. 세상은 바뀝니다. 그래서 어제는 사실이었을 것들이 갑자기 오늘은 더 이상 사실이 아니게 되지요. 비디오 대여점인 블록버스터는 사람들이 끝까지 비디오테이프로 영화를 볼 거라고 '낙관' 했습니다. 즉석카메라 제작 회사인 폴라로이드는 사람들이 늘 작은 사각형 종이에 사진을 찍을 거라고 '확신' 했습니다. 1990년대 초반의 서점들은 온라인 서점이 절대 크게 성장하지 못할 것이라고 '인식' 했습니다. 이들 모두 각자의 신념을 토대로 미래를 구상했지만, 그 신념은 사실이 아닌 것으로 드러났죠. 그것이 그들을 침몰시켰습니다."

데니스가 말했다.

"마치 타이타닉 호처럼요."

벤이 거들었다.

"마치 타이타닉 호처럼요."

데니스가 맞장구쳤다.

데니스는 강의실을 힐끗 둘러보다가 맨 뒷줄에 조용히 앉아 있는 청년이 얼굴을 찡그리는 것을 보았다.

"팀? 하고 싶은 말이라도 있어요?"

데니스가 물었다.

모두의 시선이 팀에게 쏠렸다. 그는 지난주에 "헴은 어떻게 되었나요?"라는 질문으로 세미나 분위기를 주도한 장본인이었다.

"예, 뭐. 사실 전 직장에서의 사정은 괜찮습니다. 개인사가 더 문제죠."

팀이 답했다.

"괜찮다면 말해줄래요?"

데니스가 차분히 권했다.

"그러죠. 연초에 저는 부모님이 별거 중이란 걸 알게 되었습니다. 실은 이미 두 분이 헤어진 상황이더라고요."

다들 데니스를 돌아보았고, 그가 말했다.

"그게 팀에게는 힘들었군요."

"힘들다고요? 어처구니없었죠. 제 평생 부모님은 한결같고 든든했어요. 제게는 가장 확실한 것이었지요. 그런데 두 분이 포기해버린 거예요!"

"그 일이 화가 나는가 보군요."

데니스가 말했다.

"보통 화가 나는 게 아니에요. 제 말은, 여전히 부모님을 사랑하지만, 당장은 미운 마음 같은 것도 들어요. 두 분이 벌인 일을 받아들일 수 없어요. 그러면 제 유년기는 뭐가 되나요? 이제 다 거짓이 되는 건가요?"

"알다시피 사람들은 변해요."

데니스가 말했다.

팀은 고개를 저었다.

"이런 식으로는 아니죠."

데니스는 곰곰이 생각했다. 그리고 물었다.

"부모님은 이 상황을 어떻게 여기실까요?"

팀은 그런 생각을 할 수 있다는 게 놀라운 눈치였다.

"모르겠어요."

"부모님이 이 일에 대해 뭐라고 하셨나요?"

"최선을 다했고, 본인들한테 나은 쪽으로 결정을 내렸다고요. 시간이 지나면 저도 받아들이게 될 거라고요. 저는 전혀 그렇게 생각하지 않지만요."

데니스는 잠시 가만히 있다가 다시 말했다.

"그렇다면 팀이… 다르게 믿어보면 어떨까요?"

"그렇게 될 일이 아니라고요!"

팀이 무심코 내뱉었다. 강의실에 침묵이 내려앉았다. 곧 팀이 다시 중얼거렸다.

"아, 이런."

그는 데니스를 쳐다보며 말을 이었다.

"헴이 한 말이랑 똑같네요. 그렇죠?"

그가 힘없이 미소 지었다.

데니스는 어깨를 으쓱하며 미소로 답했다.

"아주 비슷하네요."

"그럼 강사님은 뭐라 하시겠어요? 우리 부모님이 옳은 결정을 했다고요? 두 분이 합심해서 상황을 타개하는 게 더 낫지 않았을까요?"

팀이 말했다.

데니스는 고개를 저었다.

"그런 말이 아니에요. 신념에 대해 살필 때 저는 헴의 질문을 차용하는 걸 좋아합니다. 물어볼게요. '그게 당신을 나아가게

하나요, 주저앉게 하나요?' 그게 당신을 미로 밖으로 나오게
하나요, 제자리에서 빙빙 돌게 만드나요?"

팀은 탁자를 내려다보며 골똘히 생각했다.

"명심하세요, 팀. 생각을 바꾼다고 해서 나의 본모습이 바뀌
는 건 아니랍니다."

데니스가 말했다.

팀은 고개를 들고 데니스와 눈을 맞췄다. 그러고는 천천히
고개를 끄덕였다.

"옙. 알겠어요. 생각해보겠습니다."

팀이 말했다. 그러고는 잠시 사이를 두고 덧붙였다.

"어쩌면 제가 헴의 터널을 기어 나가서 거기 밖에 밝은 뭔가
가 있는지 봐야겠어요."

데니스가 환하게 웃었다.

"듣던 중 반가운 소리군요, 팀."

데니스는 벽시계를 올려다보았다. 강의가 거의 끝날 시간이
었다.

"지난주에 우리는 너무 많은 변화가 한꺼번에 일어나면 얼
마나 혼란스러울지 짚어봤습니다. 지금 더 쉽게 풀어가고 있

지만, 몇몇 분이 똑같이 좋은 질문을 하셨습니다. '어디서부터 시작해야 할까?'라고요."

데니스가 방을 둘러보다 누군가를 지명했다.

"알렉스?"

지난주에는 말이 많았던 알렉스가 데니스의 새 이야기를 듣고는 거의 말이 없었다는 걸 다들 알아차렸다.

알렉스는 한동안 생각에 잠겨 가만히 있었다. 그러다 천천히 입을 열기 시작했다.

"제가 생각하기엔 '나'로부터 시작해야 할 것 같아요."

데니스가 계속 하라는 듯 고개를 까딱했다. 알렉스가 말을 이었다.

"음, 저는 문제에만 너무 초점을 맞춰왔어요. 급변하는 업계, 그게 얼마나 혼란스러운지, 변화를 따라가고 그다음에 어떤 조치를 취해야 할지 파악하는 게 얼마나 어려운지에 대해서요."

그때 브룩이 노트를 보며 끼어들었다.

"알렉스는 할 수 있다면 '치즈와 같이 움직이고' 싶지만, 치즈가 어디로 갔는지조차 모르는 때가 절반은 된다고 했어요."

"그랬죠. 그게 바로 헴이 하려던 일이었잖아요? 해결책을 찾으려고 온 미로 안을 뒤지고 다니는 것. 근데 그가 시작 지점으로 삼아야 할 곳은 미로 속 어디가 아니었어요. 바로 그의 머릿속이었지. '미로 밖으로 나가라' 하는 말을 들었을 때 머리가 멍했어요. 내가 지금 갇힌 미로는 일도 회사도 업계도 아니에요. 바로 내 접근방식이지요. 내가 빠져나와야 하는 미로? 그건 내 사고방식이라고 생각합니다."

알렉스가 말했다.

"과거의 신념을 놓아버릴 시기가 된 것 같아요."

브룩이 말했다.

"그렇고말고요. 그리고 새로운 신념을 선택해야죠!"

알렉스가 대꾸했다.

"헴이 그 대목을 어떻게 말했는지 잊지 마세요. '미로 밖에는 놀라운 게 있지!'"

벤이 빙그레 웃으며 거들었다.

강의실 안에 다시 웃음과 박수가 터져 나왔다. 벤이 일어나서 고개를 귀엽게 까딱였다.

데니스가 사려 깊은 미소를 띠며 말했다.

"좋습니다. 잘 정리했어요. 스스로가 그걸 믿는다면 새로운 가능성의 세상이 통째로 열릴 겁니다. 그건 정말 '놀라운' 일이지요. 여러 친구분들, 이렇게 해서 우리의 세미나는 끝이 났습니다. 멋진 토론을 해주어 감사드리고, 여러분의 일과 삶에 행운이 있길 바랍니다. 그리고 여러분이 다음과 같은 생각을 가지면 좋겠습니다. 이 짤막한 이야기에서 어떤 가치를 느꼈다면, 바라건대…

다른 사람과 이 이야기를 함께 나누기를

다음은 저자인 스펜서 존슨이 췌장암 말기에 쓴 편지로, 그가 이 책의 원칙을 자기 삶에 얼마나 적용했는지를 보여준다.

나의 종양에게

안녕하신가, 종양.

이제는 자네를 사랑한다네! 전에는 자네를 두려워하고 싸우려고 했지. 자네를 이기고 싶었어. 그러다 내 신념이 사랑에서 비롯되는지, 두려움에서 비롯되는지 살펴보았지.
확실히 두려움에서 비롯되었더군.
내가 생각해도 이상하긴 하지만, 자네를 사랑하는 법을 배운 게 좋다네. 내 삶이 얼마나 풍요로웠는지 아나. 내가 아프고 곧 죽을 수도 있다는 걸 깨달으면서 나는 더욱 감사와 사랑이 넘치는 사람이 되었고, 가족과 친구들과도 더 가까워졌거든. 목표 의식도 더 커지고, 정신적 세계로 더 심오해졌다네.

그러니 고마울 수밖에. 고맙고 또 고맙네!

—스펜서 존슨, M.D.

|맺|음|말|

켄 블랜차드

이제 《내 치즈는 어디에서 왔을까?》를 읽었으니 신념의 힘과, 신념이 나의 행동과 그 결과에 미치는 영향력을 인식했기를 바랍니다. 어쩌면 궁금할지도 모르겠습니다. '스펜서 존슨은 신념을 선택할 수 있는 힘을 글로 표현하는 데 그쳤는지, 아니면 그도 그 원칙대로 살았는지' 말이지요.

그가 자신이 말한 그대로 살았다고 말할 수 있어 기쁘지만, 그 생생한 예를 전하게 된 것은 슬프기도 합니다.

2017년 7월, 나는 나의 공동 집필자이자 친구를 췌장암으로 잃었습니다. 아시겠지만, 암 진단을 받으면 오래 살기 어렵습니다. 그러니 나쁜 소식일 수밖에요. 암 진단을 받았을 때 스펜서는, 남은 생을 두려움 혹은 사랑에 기반을 둔 신념 체계로 접근할 수 있겠다고 결론지었습니다. 두려움을 선택하면 자신에게 초점이 맞춰질 터였습니다. 사랑을 선택한다면 다른 사람에게 초점이 맞춰질 테고요.

그가 사랑 안에서 사는 쪽을 택했을 때 나는 기뻤습니다. 스펜서는 가족과 친구들뿐 아니라 갖가지 이유로 소원했던, 오랫동안 만나지 않은 사람들에게도 손을 내밀었습니다.

내가 스펜서를 찾았을 때 만난 방문객들은, 스펜서가 자신의 병세보다 그들과 그들의 감정에 관심을 쏟는 데에 감명을 받았습니다.

내가 마지막으로 스펜서를 만나러 갔을 때, 마그렛 맥브라이드가 합류했습니다. 그녀는 《1분 경영》을 출간할 당시 우리의 에이전트였습니다. 우린 우리 책을 출간해준 윌리엄모로 사의 전 대표 래리 휴즈에게 전화를 걸어 그가 우리 삶에서 맡아준 역할에 대해 얼마나 감사한지 인사를 전했습니다. 기억에 남는 훈훈한 대화였습니다. 헤어질 때 나는 스펜서를 안아주며 그와 그가 선택한 긍정적 신념이 정말 자랑스럽다고 말했습니다.

스펜서의 신념이 사랑 가득한 이별로 이어진 점에 감동한 나와 스펜서의 세 아들, 에머슨과 오스틴, 크리스찬은 이 책을 출간하는 데 어느 때보다 힘을 쏟았습니다. 지금도 우린 스펜서가 1분 칭찬을 듬뿍 해주는 걸 느낄 수 있습니다.

이 짤막한 이야기, 《내 치즈는 어디에서 왔을까?》를 나처럼 재미있게 읽었다면, 이 이야기를 다른 사람들과 나누면서 스펜서의 유산을 이어갈 수 있을 겁니다. 물론 나는 그럴 작정입니다!

켄 블랜차드

2018년 6월, 샌디에이고에서

|감|사|의|말|

스펜서 존슨은 이 세상에 얼마나 독특한 기여를 했는지요! 이 시대, 가장 사랑받고 영향력이 큰 저자로 꼽히는 스펜서는, 스포트라이트를 받는 대신 간결한 우화로 자신이 하고 싶은 말들을 풀어냈습니다. 그의 마지막 작별 선물로《내 치즈는 어디에서 왔을까?》를 세상에 내놓을 수 있어 영광이며, 출간하게끔 도와주신 모든 분들께 감사드리고 싶습니다.

특히 다음 분들께 감사드립니다.

스펜서의 세 아들인 에머슨, 오스틴, 크리스찬. 이들은 스펜서의 인생에서 특별했고, 이 책을 그의 영원한 유산으로 만드는 데 일조했습니다. 우리와 스펜서의 수백만 독자들은 애도의 마음을 전하며, 그들의 아버지가 우리에게 남긴 많은 선물에 감사하는 바입니다.

스펜서의 친한 친구이자《1분 경영》의 공저자인 켄 블랜차드. 사람들이 소박한 지혜에서 도움을 얻을 수 있게 이 책을 집필하라고 스펜서를 맨 먼저 격려한 장본인이기도 합니다. 또한 이 책의 가장 열렬한 지지자이기도 합니다.

하이럼 W. 스미스는 이 책이 출간되도록 오랜 기간 헌신하며 협조를 아끼지 않았습니다.

초고 독자들은 최고의 원고가 나오도록 도와주었습니다.

윌리엄스 앤 코놀리 로펌의 로버트 바넷, 스펜서 존슨 트러스트의 캐스린 뉴넘, 앤젤라 리날디 문학 에이전시의 앤젤라 리날디, 스펜서의 수석 어시스턴트 낸시 케이시도 아낌없는 지지와 도움을 주었습니다.

타라 길브라이드, 애슐리 맥클레이, 매드라인 몽고메리, 크리스 서지오, 메리 선, 윌 바이저를 비롯해 펭귄그룹 산하의 푸트넘스 선스 출판사와 포트폴리오 출판사 직원들도 이 프로젝트에 성심성의를 다해주었습니다.

존 데이비드만은 이 원고의 출간을 준비할 때 사려 깊고 존경할 만한 필치를 더해주었습니다. 마그렛 맥브라이드 문학 에이전시의 마그렛 맥브라이드 또한 지원을 아끼지 않았습니다.

이 책을 읽은 독자 여러분, 《누가 내 치즈를 옮겼을까?》를 읽은 수백만 독자들, 팬들, 후원자들, 홍보대사들에게도 감사드립니다.

마지막으로 스펜서에게 고맙습니다. 그를 '단순한 포장에 심오한 지혜를 담은 거장'으로 부르는 것은 타당하지만 일부만 그렇습니다. 장차 베스트셀러가 될 우화들의 창조자가 의사이자 아동 작가였던 것은 우연이 아닙니다. 스펜서의 가장 깊은 소망은 단순히 책에 지혜를 담는 게 아니었습니다. 삶을 향상시키는 실질적인 도구를 제공하는 것이었습니다. 그로 인해 세상이 더 건강하고, 더 행복하고, 더 풍요로운 충만한 곳이 되도록 돕고자 한 것입니다.

아이반 헬드, 푸트넘스 선스 출판사
애드리언 잭하임, 포트폴리오 출판사

내 치즈는 어디에서 왔을까?

아직도 망설이는 당신에게 스펜서 존슨이 보내는 마지막 조언

초판 1쇄 발행　2018년 12월 10일

지은이　　스펜서 존슨
옮긴이　　공경희

발행인　　문태진
편집장　　서금선
책임편집　김혜연　편집1팀 김혜연 박은영 전은정
디자인　　design co*kkiri　**본문삽화** 전희성

기획편집팀　이정아 김예원 임지선 정다이　**디자인팀** 윤지예 이현주
마케팅팀　　양근모 김자연 김은숙 이주형
경영지원팀　노강희 윤현성 이지복 이보람 유상희
강연팀　　　장진항 조은빛 강유정 신유리
오디오북기획팀　이화진 이석원 이희산

펴낸곳　　㈜인플루엔셜
출판신고　2012년 5월 18일 제300-2012-1043호
주소　　　(06040) 서울특별시 강남구 도산대로 156 제이콘텐트리빌딩 7층
전화　　　02)720-1034(기획편집) 02)720-1024(마케팅) 02)720-1042(강연섭외)
팩스　　　02)720-1043 전자우편 books@influential.co.kr
홈페이지　www.influential.co.kr

한국어판 출판권 © (주)인플루엔셜, 2018

ISBN 979-11-86560-86-0 03320

지은이 ————————————————

스펜서 존슨

베스트셀러 작가이자 세계적으로 존경받는 사상가이다. 살면서 우리가 맞닥뜨리는 수많은 문제에 대해 짧은 이야기로 단순하면서도 핵심적인 해결책을 제시해 '단순한 포장에 심오한 지혜를 담는 데 최고'라는 평가를 받는다. 그가 펴낸 아홉 권의 저서는 모두 베스트셀러가 되었으며, 전 세계 47개국에서 출간되었다. 그중 1998년에 출간된《누가 내 치즈를 옮겼을까?》는 가장 많이 사랑받은 베스트셀러이자 스테디셀러로 2800만 부가 넘게 팔렸다.

1938년 미국 사우스다코다 주에서 건축가인 아버지와 선생님인 어머니 밑에서 태어나 자랐다. 서던캘리포니아대학에서는 심리학 학위를, 영국왕립의과대학에서는 의학박사 학위를 받았다. 하버드의과대학과 미네소타의 메이오클리닉에서는 수련의 과정을 거쳤다.

병원에서 환자들을 진료하면서 내면을 치유하는 글쓰기에 관심을 갖게 되어 작가의 길로 들어섰다. "자기가 쓰고 싶은 것보다 사람들이 읽고 싶은 책을 쓰는 게 더 현명하다"는 생각을 가진 그는, 글을 쓰는 것으로 세상이 더 건강하고 더 행복하고 더 충만한 곳이 되도록 돕고자 힘썼다.

2017년 7월《내 치즈는 어디에서 왔을까?》의 출간 준비를 하던 중 췌장암에 따른 합병증으로 세상을 떠났다.《내 치즈는 어디에서 왔을까?》는 그가 세상에 남기고 간 마지막 마법이자 선물이다.

옮긴이 ————————————————

공경희

서울대학교 영문학과를 졸업하고 성균관대학교 번역테솔대학원 겸임 교수를 역임했다.

전문 번역가로 일하면서《시간의 모래밭》《메디슨카운티의 다리》《모리와 함께한 화요일》《호밀밭의 파수꾼》《파이이야기》《우리는 사랑일까》《행복한 사람, 타샤 튜더》등 많은 베스트셀러를 우리말로 옮겼다.

지은 책으로 북 에세이《아직도 거기, 머물다》가 있다.